Elke E. Edinger

Letzter Duft

Lyrik der Sehnsucht

Elke E. Edinger

# Letzter Duft

## Lyrik der Sehnsucht

Haag + Herchen

Die Deutsche Bibliothek – CIP-Einheitsaufnahme

**Edinger, Elke E.:**
Letzter Duft : Lyrik der Sehnsucht / Elke E. Edinger. – Frankfurt am Main : Haag und Herchen, 1993
ISBN 3-89228-964-6

ISBN 3-89228-964-6

Fichardstraße 30, 6000 Frankfurt am Main 1

Produktion: Herchen KG, Frankfurt am Main
Umschlagillustration: Elke E. Edinger
Satz: W. Niederland, Frankfurt am Main
Herstellung: Boscolo + Königshofer, Karlsruhe
Printed in Germany

Verlagsnummer 1964

Inhaltsverzeichnis

## Sonett der Sehnsucht

Der Flieder blaß im Abendlicht,
Die Straßen naß und kalt.
Noch bist Du lange nicht in Sicht.
Die Hoffnung sagt mir – bald.

Es wartet mit mir hoch ein Stern.
Die Augen blicken fragend.
Mein Geist, der schaut Dich aus der Fern',
Ein lieb' Willkomm' Dir sagend.

In Abendkühle eingehüllt,
Ein Mond, der keine Sehnsucht stillt,
Schleich' ich gleich einem Dieb

Um's Haus herum und auf den Straßen,
Streif' durch das Gras und durch den Rasen.
Ich wart' auf Dich, ich hab' Dich lieb.

## Geheimnis

Als Kind mir war so sonderbar,
Wenn Instrumente klangen.
Der Stimmen lockten viele gar,
Sie nahmen mich gefangen.

Entließen mich in eine Welt,
Die weit von unsrer lag,
Den meisten blieb sie stets verstellt,
Mir war sie lichter Tag.

Im Sonnenlichte summten sie,
Die Bienen und Insekten.
Mir schien auf dieser Welt allhie',
Daß sie die Erd' bedeckten

Mit Tönen unbekannter Weis',
Gehört im Leben nie,
Entführten sie ins Paradeis.
Es schwankten mir die Knie.

Jetzt schweb' ich wie ein Falter leicht,
Seh' unter mir die Rosen.
Hab' bald der Sehnsucht Ziel erreicht.
Werd' mit dem Wind liebkosen!

## Süßes Joch

Eins wüßt' ich gern,
Ob's weh mir tut,
Wenn mir die Herrn
In Fleisch und Blut
Die Nadeln stechen tief.

Ein Schmetterling
Soll's werden zart,
Ein lieblich Ding
Besondrer Art,
Gemacht, indes ich schlief.

Wohin jedoch
Soll wählen ich
Das süße Joch?
Es quälet mich!
Es fällt die Wahl mir schwer.

Mein Hals, mein Arm,
Die Brust, der Leib?
Mein Gott, erbarm
Dich, bei mir bleib!
Und doch will ich's so sehr!

## Art obscura

Um Mitternacht, wenn's um mich ruht,
Die Welt schier zeitlos scheint zu sein.
Gedanken treten leise ein,
Berauschen mir mein schläfrig Blut.

Allda ich lieg' mit offnen Augen,
Wohl wartend, was da kommen mag,
Bis daß sich zeigt der frühe Tag.
Die Nacht zur Ruhe will nicht taugen.

Ihr Bilder bleibt, entschwindet nicht,
Auch wenn der Alltag tritt jetzt ein,
Auch wenn da Arbeit, Müh' und Pein
Mich werden läßt zum Wicht.

## Song

Rinaldo, forever I cannot forget you,
My heart is beating fast and true.
I'm thinking of you from midnight to morning,
Remember that day as a lovely thing.

Rinaldo, forever I cannot forget you,
My heart is beating fast and true.
I'm thinking of you from midnight to morning,
Remember this year as a wonderful thing.

Rinaldo, forever I cannot forget you,
My heart is beating fast and true.
I'm thinking of you from midnight to morning,
Remember the birth as the greatest thing!

## Letzter Duft

Ich hab' den Flieder hochgestellt,
Daß er mir meine Nacht erhellt.
Sein Duft ist süßer Met.

Es jammert meine Seele sehr,
Im Frühlingsduft ich mich verzehr',
So schnell er doch vergeht.

Was bring' ich einst nach Hause mit?
Erinnerung, an der ich litt?
Ach, wär'n es Blumen bloß!

Den schönsten Strauß, o Honigdüfte,
Trag' ich dereinst durch weite Lüfte,
Leg' ihn in Deinen Schoß.

## Marathon-Schwimmen

Der Tag ist gekommen, an den ich so oft
Nicht habe seit Jahren zu denken gehofft.
Ich kann es nicht fassen, ich kann's nicht versteh'n,
Ich habe die Welt so wie vormals geseh'n.

Von Sorgen entbunden, von Lasten befreit,
Vergessen auch mal der anderen Leid;
So war'n wir für Stunden vom Wasser beglückt,
Ohn' Neid ein jeder von jedem entzückt.

## Tannenwald

Ich bin so voll Freude, ich bin so voll Glück,
Ich denke an all unsre Stunden zurück.
Ich riech' Eure Tannen, ich schmeck' Euren Wald,
Ich halt' in den Armen den Duft, bis ich alt.

Du wohnst in der Ferne und bist mir doch nah,
Du bist eine Sonne, wie keine ich sah.
Du warst nie bekannt mir vor etlicher Zeit,
Du bist nun vertraut mir in endloser Freud'.

Wir wollen uns laben an köstlichen Dingen,
Dann wird uns Zukünft'ges auf's Beste gelingen.
Dann wird unser Geist sich mit Flügelschwingen
Erheben und tragen zum Schöpfer und singen.

## Longing

O could I say it in your diction
And not to write in obscure fiction!
How lovely then my poem would be
With all your heart you will agree.

I can be sure that we are mothers,
But former times we looked like others
Who had their souls before the kids.
Now daily life will run in bits.

But I am hoping in my dream
That something's there, I'll call it cream.
It's like the sun, I feel it's bliss.
Behold my love, you will I miss!

## Freilichtbühne

Sternenklare Maiennacht
Nach durchlebter Waldesbühne,
Mondessichel fein und sacht!
Nicht in Sühne, sondern kühne
Schau' ich vorwärts in die Pracht.

## Freilichtbühne II

Ein Komet am Himmel steht,
Nicht für lange Zeit am Platz.
Schnell er seinen Lauf verdreht
Aus dem Himmelskörpersatz.
Augenblicklich er vergeht.

## Freilichtbühne III

Meine Seele inniglich
Fließt hingebungsvoll zu Dir.
Mit der Botschaft ganz für Dich
Öffnet sie die Himmelstür
Und Du schaust dann mich.

## Remigius

Ach ich bleibe, wenn ich schreibe,
Lieber heut' allein.
Hab' mit meinem ganzen Leibe
Teil an allem Sein.

Auch wenn ich jetzt nicht dabei,
Euer Thema anzuhören,
Ist es mir nicht einerlei –
Doch kann ich dabei nicht stören

Mit Gedanken, die in mir,
Gar nicht Eurer Welt nun nah,
Schließ' ich vor Euch zu die Tür,
Mach' mich aus der Mitte rar,

Nehm' die Feder in die Hand,
Schreibe die Erinn'rung nieder.
Frohe Fahrt – Remigiusland,
Bald wohl sehen wir dich wieder.

Ohne Anhang, ganz versunken
In die Landschaft Berg und Tal.
Farbenfreud', du machst uns trunken.
Wiederkehr', du Sonnenstrahl!

## Herzenswunsch

Es scheint, als ob ich schon seit Wochen
Hier säße ganz allein.
Doch hab' ich gestern erst gesprochen
Mit Dir bei Brot und Wein.

Nun soll ich noch viel Tage warten,
Derweil die Erd' sich zehnmal dreht,
Bis wir vereint im Sonnengarten.
Gewißheit dann dort vor uns steht.

Entsagungsvolle Duldezeit –
Wie lang die Abstinenz?
Bewahr mir meine Fröhlichkeit
In diesem schönen Lenz.

Verlangen treibt mich zu bestehn.
Berauschend bist Du, wunderschön.
Nicht schwärmend mit Dir zu vergehn.
Doch liebend Dir zur Seite stehn.

## Himmelszelt

Im Himmelszelt zu liegen bloß,
Das wünsche ich so sehr.
Die Abendlüfte überm Moos,
Sie ziehen um uns her.

Den Atem Dein zu spüren warm,
Die Luft steht still und weit.
Ich bette Dich in meinen Arm
In alle Ewigkeit.

## Vorspiel

Das Vorspiel ist ein Handicap.
Migräne zieht durchs Hirn.
Und ich blamiert bin heut' der Depp.
Hätt' ich bloß meine Stirn

Versteckt in meinem Zimmer kühl
Und nicht der Meng' geboten.
Im dichtgedrängt Konzertgewühl
Zeig' ich den Kopf, den Roten.

# Lampenfieber

Das Lampenfieber steht Dir gut,
Wenn Du so recht in Form.
Doch packt mich nachher stets die Wut,
Wenn Du bleibst in der Norm!

## Der Ohrring

Ich hab' mich überwunden.
Was wirst Du sagen mir,
Wenn ich nach vielen Stunden
Werd' stehn vor Deiner Tür?

Mit rotem Ohr und Schmerzen,
Den Kopf verbunden dick!
Wirst Du mich trotzdem herzen
Und wenden Deinen Blick

Zu mir und meinem Weh?
O wenn Dir's nur gefiel!
Auch wenn ich Dich nicht seh',
Der Weg ist unser Ziel!

## Dein Bildnis

Ich liebe Dein Lachen,
Ich liebe Dein Haar!
Ich will bei Dir wachen
Wohl vieltausend Jahr!

Ich lieb' Deinen Gang,
Ich lieb' Dein' Gestalt
Ich werd' ewig bleiben
Bei Dir, bis ich alt!

## Sweet Cherry Tree

Die Nacht, o wie klar!
Der Abend schon spät!
Vorbei die Gefahr,
Die Zeit sie verweht.

Mir wär' sie willkommen,
Mir wär' sie so lieb!
Ich hätt' sie genommen,
Daß sie bei mir blieb.

Auch wenn es geleuchtet
Das Licht hätte hell,
Ohn' Scham ich befeuchtet
Dein Haut auf der Stell'

Mit Küssen ganz sacht
Unterm Kirschbaum süß.
Dort bis in die Nacht
Ich Dich tausendmal grüß'!

## Verschwörung

Es weiß der Mond von einer Nacht,
Hat sie aus weiter Fern betracht',
Als warm der Abend uns einhüllt,
Und sanftes Wiegen Sehnsucht stillt.

Ein kleines Lüftchen schwingt herein
Verbindet Drauß- mit Drinnensein.
Berührt die Seelen und den Leib.
O Augenblick, doch ewig bleib'!

# Ruf

Der Mond, er liegt ganz schief.
Ich schreib' Dir diesen Brief,
Als keiner von uns schlief,
In dunkler Nacht ganz tief.
Zur Ruhestätt' ich lief.
Den Namen Dein, ich rief!

## Grabesgruft

Es lag die kalte Osterluft
Auf Straßen, Häusern, Auen,
Als Du und ich die Grabesgruft
Mit Pinseln taten schauen.

Die alten Frauen staunten bös'
Am frühen klaren Morgen,
Daß hier unsagbar ominös
Man hätte keine Sorgen,

Als da zu sitzen und zu malen
Die Gräber und die Toten.
Als würden wir in Lust uns aalen,
Gehörte dies verboten.

## Nachdenken

Eine lange, tiefe Nacht
Habe ich an Dich gedacht.
Als mein Atem heiß und lang
In den Äther hoch sich schwang
Und umschlungen ward von Dir,
Duftend, ew'ge Blumenzier.
Wirst die meine werden bald!
Werd' Dich lieben, bis ich alt,
Werd' Dich wiegen, bis dereinst
Du eine Träne mit mir weinst.
Dann herz' ich fester Dich, mein Kind!
Du Einklang in Dir selber find'!

## Freudenfunken

Täuschen mich die Sinne,
Ist es wirklich wahr,
Daß in süßer Minne,
Ich einst bei Dir war?

Wie die gute Sonne,
Ach, ins Meer versinkt! –
Schenkt mir neue Wonne,
Wenn sie strahlend blinkt

Morgen neu vom Himmel
Nieder mit Bedacht.
Scheint auf all' Getümmel
Freundlich, wärmt und lacht.

Bleib' mir meine Wonne,
Du, mein süßes Kind.
Bist die Freudensonne,
Wie keine ich mehr find'!

Send' mir Deine Strahlen
Auf den Körper mein.
Entbind' mich meiner Qualen,
Erlös' mich von der Pein!

Laß die Freudenfunken
Mir verlöschen nicht.
Auch wenn Du bist versunken,
Wiederschein', Du holdes Licht.

## Musenkind

Vermögest mehr als Sonn' und Wind,
O Du, mein schönes Musenkind,
Wie keines ich auf Erden find'!

Und küßt der Wind auch meine Glieder,
So bist Du süßer noch als Flieder!
Begehre ich Dich immer wieder!

## Seejungfrau

Ich würde Dich gern stolz und schön
Über's Meer gelaufen sehn.
Schreitend durch den feuchten Sand,
Legend auf mich Deine Hand,

Preisend mir den neuen Tag,
Wie nur Fortuna es vermag.
Belauschen Deinen Körper gut,
Betrinken mich mit neuem Mut.

Mit salz'ger Luft und Brandungsspritzern,
Die sternengleich im Haar mir glitzern,
Begrüß' ich Dich mit großer Freude
Auf himmelischster Sonnenweide.

## My Dove

O come to me my love,
Ich stehe hier am Meer!
O fly to me my dove,
Ich schaue um mich her,
Ob ich nicht könnte sehen
An angel like you are!
Stattdessen muß ich gehen,
Bist Du wirst offenbar!

## Anrecht

Das Anrecht, das ein jeder hat
Auf mich, ist dieses eine,
Daß ich ein Mitmensch jener Stadt,
Die eine friedlich kleine,

Die sich in wissend Menschlichkeit
Annähert stets im Dienen.
Und hätt' ich einmal keine Zeit
So nicht, daß böse Mienen

Schnell über mich gezogen sind.
Ich laß mich nicht besitzen!
Und wenn ich schuft' im Gegenwind,
Für andre muß ich schwitzen!

## Walking alone

Nach Regen, Wolken, Sturm und Naß
Ein milder Abend sinkt ins Land.
Er holet mich auf dunkle Straß'
Und reichet mir versöhnt die Hand.

Wie wird mir's, wenn die Blätter schweigen,
Wenn meine Schritte leicht und still,
Wenn traumhaft schön das Land will zeigen
Für mich sich – wie es will!

Paß auf! Hab' Acht! Gefahren lauern,
Wo Menschen nicht in Dir sich wissen.
Sie sperren mich in dunkle Mauern,
Natur und Liebe muß ich missen!

## Morgengold

Es haben die Vögel gesungen
Im frühsten Morgengold.
Es hat ihr Lied geklungen
Von einem Wesen hold,

Das schön wie eine Blum',
An einem Sommertag,
Ich fand zu Gottes Ruhm,
Wie es mein' Seel' vermag.

Preis' Dich zu dieser Stund'
Mit süßen Melodien,
Entflossen meinem Mund,
Zu Dir sie sollen ziehn!

## Letzter Sonnenschein

Wer wird dies je verstehn?
Im Laub bin ich zu sehn,
Vereint mit Gras und Moos,
Versteckt im Erdenschoß.

Dort find' ich alte Liebe,
Verdorrt sind alle Triebe.
Ich ruhe hier verborgen
Entfernt von allen Sorgen.

Es geht der Sonnenschein
Hinweg aus meinem Sein.
Die kühle Luft im Wald
Läßt schauern mich sehr bald.

Will nicht in ew'gem Schlaf
Hier ruhen gänzlich brav!
Es zieht mich zu Dir hin!
O Du, mein goldner Sinn!

## Letztes Aufleuchten

O leucht' ein letztes Mal
In dieses kühle Tal!
Erhell' mit Deinem Glanz
Die arme Seele ganz;
Daß sie Dir ewig gut,
Für sich mit starkem Mut
Auch andern Gutes tut,
Bis sie dereinst auch ruht.

## »Novembermittag«

Novembermittag kalt und schwer –
Ich geh' im Laube hin und her.
Wie ist mein Aug' so matt!

Im Geiste ich die Welt begehr,
In der ich liebe Dich so sehr.
Nimmer, nimmer werd' ich satt!

## Nur Eine

Es liebt und wiegt mich nur eine.
Sie ist mein himmlischer Schatz.
Sie kennt meine Seele wie keine.
An meiner Seit' ist ihr Platz.

Auf meiner Haut ihre Hände,
Auf meinem Mund ihren Kuß.
Umgürte meine Lende
Zum ewigen Genuß!

## Future II

Ich werde dies schreiben,
Was ewig soll bleiben:
Wenn ich bin ein Schatten,
Wenn leer alle Matten,

Wenn Augen zerronnen,
Verbrannt alle Sonnen,
Verdorrt alle Blumen,
Ohn' Nutzen die Krumen,

Kein Mensch, kein Tier,
Kein' Augenzier,
Vergangen die Macht,
Wenn alles vollbracht,

Dann bleiben Dein' Wangen
Dort immerdar hangen;
Im sanftwarmen Feuchten
Und alles wird leuchten!

## Wintersternennacht

Hab' so oft geworben
Mit der Dichtung Wort.
Nichts blieb Dir verborgen.
Ich liebte immer fort.

Wintersternennacht –
Machst mich heut' so bang!
Wo ist all' die Pracht,
Die im Herz' mir klang?

Fern aus dieser Welt
Scheinst Du mir gegangen!
Durch's große Himmelszelt
Schick' ich mein Verlangen!

Töricht oder gut!
Laß mich's gültig sagen!
Mir fehlet heut' der Mut
Mit andern es zu wagen.

Träume werden kommen
Diese heut'ge Nacht,
Und ich werd' beklommen
Erinnern mit Bedacht.

## Rotes Hemdlein

Du hast es mir gesagt!
Ich habe es verstanden!
Ich habe viel gewagt!
Ich liege nicht in Banden;

Denn Du bist glücklich worden
Auf andre Art und Weis',
Ganz frei und ohne Sorgen,
Für welch' geheimen Preis!

Nur eigene Gedanken,
Dein Kopf, Dein eigen Ich:
Und um Dich feste Schranken,
Daß niemand treffe Dich.

Ein weiches rotes Hemdlein,
Geschmiegt an mein Gesicht,
Zeigt mir gewes'ne Lieb' fein.
Geruch ist mein Gericht!

## Dein Amor

Nach einem knappen Jahr
Ist er aufgewacht,
Dein Amor wunderbar,
Der vor mir war und lacht.

Er will Dich und begehrt Dich,
Wie vor gar langer Zeit.
Du aber zierst und wehrst Dich,
Umgehst es in die Breit'.

Bist frei, wie Du gewesen.
An ihm wirst Du genesen!
Ich weine nicht, ich träume.
Ich sehe Frühlingsbäume!

## Honey

Honey, my Honey, Du frierst ja so sehr!
Honey, my Honey, Dein Lieb' ich begehr'!
Bin einsam trotz lärmender Stimmen um mich!
Mein Sinnen und Schauen stets suchet Dich!

Muß warten mein Lieb, bis die Stunden mir hold!
Dann jubelnd und eilend ein Wagen hinrollt
Zu Dir, der mich kennt und meiner gedenkt,
Der Lieb' über Maßen mir einst hat geschenkt!

## Lebenszeit

Wenn tausend Jahre wie ein Tag,
Und jener Tag wie tausend Jahr',
Dann werd' auch ich ohn' alle Plag'
Der Liebe für mein Lieb' gewahr.

Dann zählt die längste Lebenszeit
Gemessen an dem Glück
Gering; und Mühe, Streß und Traurigkeit
Erscheinen als ein kurz' Geschick.

Dann werden diese liebsten Stunden
Im Himmel mir zur Ewigkeit.
Auf Erden heilen sie mir Wunden
Und trösten mir mein Herzeleid.

Mein Aug', mein' Hand, mein Mund, mein Sinn!
Muß ich mich wirklich wenden,
Soll es mit wahrhaftem Gewinn
Für unser Leben enden?

## Arbeit

So soll ich denn, soll ich nicht sterben,
Mein' Leib nun stellen hintenan
Und sammeln meines Glückes Scherben
Zu Kraft, wie ich es eh getan.

Ich schmelz' sie ein in meine Schatten!
Sie gehen mit mir Tag und Nacht!
Sie werden wie gefräß'ge Ratten
Um meine Seele sein bedacht!

Erst wenn vollbracht nach einem Jahr,
Was täglich meine Arbeit war,
Wird auch für andre offenbar,
Was meine Liebe machte rar.

## Der Schönen Erlösung

Gesetzt den Fall!
Ein lauter Knall!
Vorbei ist alle Last!

Ich komm' zu Dir
Und Du zu mir.
Wir haben keine Hast.

Du streichelst mich,
Ich küsse Dich.
Du meine Zauberfee!

Das Jahr wie Schaum,
Die Zeit ein Traum
Wie Spuren leicht im Schnee!

## Das Buch

Es wird kein Brief mehr folgen,
Kein Wort in diesem Jahr –
Doch werden wie die Wolken
Gedanken wie die Schar
Von Vögeln zu Dir ziehen.
Die Lieb' ist nicht geliehen,
Sie bleibet stark und fest!
Vielleicht in einem Buche
Du liesest dann den Rest,
Was in den langen Tagen
Geschrieben ward von Hand!
Was war und werd' ich wagen,
Du hast es stets gekannt!

## This Head

This head is dead.
This soul is sad.
This life is bad.

That heart will spring.
That mouth will sing –
Of GOD our King.

## Und bin wieder froh

Ich sitz' auf dem Klo
Und bin wieder froh,
Zerstochen der Po,
Doch nicht von dem Floh.
Wo bist Du nur, wo?
Ich denke, so, so!
Und sing' la, ti, do,
Wie einst laut im Zoo!

## Zecken

Ein harmlos Schlendern durch den Wald,
Den Weg sich langsam bahnend,
Wohl wissend, daß es bald wird kalt,
Die Dunkelheit erahnend.

So geht mein Schritt den Weg zurück,
Das Auge vorwärts spähet.
Dem schauend Sinne dank' mein Glück,
Was schlimn der Wald gesäet,

Erkenn' es noch zur rechten Zeit.
Wir rasen heimwärts schnell.
Die Füße, Bein', ein Jammer, Leid!
Das Wasser ist zur Stell'.

Die Dusche und die Waschmaschin'
Wohl unsre Rettung waren.
Die Zecken sind jetzt alle hin,
Auch die in unsren Haaren.

## Gicht

Hell scheint das Licht.
Die Zeit hat Gewicht.
Heut früh noch die Gicht.
Jetzt Du nur in Sicht.
Gefühle gemischt.
Auf Weitres erpicht.
Und ganz schön dicht,
Was aus mir spricht!

## Leiden

Ich spüre im Gesichte mein
Den ziehend scharfen Schmerz,
Wo Du nur siehst im Märchenhain,
Wie ich stets mit Dir scherz'.

Doch meine Leiden fühl' nur ich,
Und Arbeit wird mir hart.
Wo ständig ich gedeckt den Tisch,
Da suchtest Du mich zart.

Das Weh, es hat mich hart gemacht,
Weil niemand es geheilt.
Und daß ich nicht mehr hab' gelacht,
Hat Dir die Lieb' geteilt.

## Abkehr

Stichelei und böse Rede
Warn stets meine Feinde.
Kehre mich von Streit und Fehde,
Such mir die Gemeinde,

Die in Freud' mir Frieden bringt,
Und ich werke mit;
Bis es mir am End' gelingt,
Böses nicht mehr litt!

## Schönster Sinn

Das Haus ist worden leer.
Ich liebe Dich so sehr.
Die Zeit nimmt ihren Lauf.
Ich gäb' mich gerne auf.
Gäb' mich Dir vollends hin.
Bei Dir war mein Gewinn.
Und wenn ich nicht mehr bin,
Dein Lieb' war schönster Sinn!

## Unbill

Wohl wirst Du eingeschlafen sein
Und Unbill wird Dich nicht mehr plagen,
Wenn ich im Bette liege fein,
Mit Stift und Tinte Dir zu sagen,
Wie sehr ich Deine Lieb' begehr' –
Und wenn sie füllte aus ein Meer,
So wär es mir noch nicht genug,
So wär es wie ein arg Betrug,
Weil stets ich hätt' es ausgetrunken,
Bevor die Sonne wär' versunken;
Sodaß ich dann verdursten müßt',
Wenn Du mein' Mund nicht wieder küßt'.

## Goodby

My darling goodby,
Erheb' kein Geschrei;
Denn jetzt bist Du frei!

(Was kommt, ist einerlei!)

## Leid

Früh morgens, wenn ihr Vöglein singt,
Möcht' ich am liebsten sterben;
Wenn euer Lied der Seel' entspringt,
Denn ihr seid Gottes Erben.
Auch wenn ich keine Schwingen hab',
Zum Schöpfer mich zu heben,
So hab' ich doch manch gute Gab'
Zum Himmelszelt zu schweben.
Nur dort bin ich zu Haus',
Nur dort ist endlos Freud'!
Hier ist die Lieb' schnell aus,
Schafft Tränen, Arg und Leid!

## Neuer Mut

O Großer Gott, Du schöpfst mich wieder.
Wohl wird letztendlich alles gut?
Mein Herz, mein' Seel' und meine Glieder
Erheben sich mit neuem Mut,

Ein Lied zu spielen Dir allein,
Ohn' Fehl, aus lauter Wonne.
Besiegend alle böse Pein,
Bist Du die Gnadensonne!

Erhalte mir die Lust zu leben!
Schenk mir tiefe Sinnesfreud',
Bis ich dereinst zurück muß geben
Mein' Leib am Ende seiner Zeit!

## Aussprache (Sonett)

Verloren und gewonnen!
Die Welt wird's nie verstehn!
Geendet, eh's begonnen!
Der Anbeginn so schön!

Dem Auge schwindt' der Glanz –
Der Körper matt und still –
Und ach, die Seele ganz
Zu andern Ufern will,

Wo nie mehr Scham und Schuld,
Nur Friede, Gnad' und Huld.
Die Liebe schwebt versonnen

Durch weite Täler, helles Licht,
An Zeit es ihr nie mehr gebricht,
In ew'gen, tiefen Wonnen!

## Schlaflied

Ach, ach, meine Kleine!
Ach, ach, meine Feine!
Sie tun Dir nichts zu Leid!

Sind bloß Hirngespinste
Und kein' edlen Künste,
Die suchen bös' Streit.

So bitter Dein Kummer,
So lieblich Dein Schlummer!
Dein Atmen mein Kind

Für mich eine Freude,
Gestern und heute,
Im Sommerwind.

## Abschied

Wenn rotrund der Vollmond in wehender Nacht,
Die Kindlein alle zu Bett sind gebracht,
Erlauschst du von draußen, verkost es nur fein,
Was dir von den Musen geflößet wird ein:

Betrunken die Sinne, berauscht der Verstand,
So schwebet mein Schatten ins Traumwandelland;
Wo nimmer ich frage, wo nimmer ich bin,
Dort ist mein Reich, da zieht's mich hin!

## Geburtstag

O Darling forever the flowers I'll smell!
O Honey, der Duft mir entfliehet so schnell!
Berauscht meine Sinne, nimmt mir den Verstand,
Den Flieder verblüht ich in Gärten heut' fand.

Doch hat noch sein letzter, ach süßester Duft,
Gerufen nach mir durch die nächtliche Luft.
Gehalten mein' Atem wohl manch Augenblick,
In Bahnen des Schauens erkenn' ich das Glück.

Bring' alles zu Dir hin, vergeh' nicht, mein Schein!
Du bist von der Sonne, und ich geh' hinein.
Und bet' ich Dich an, Du wärmende Macht,
So schmück' ich Dich hier mit der köstlichsten Pracht!

## Tusculum

Es lag ein Wiesengrillenhain,
Noch unberührte Schafnatur,
Im frühlingslinden Vollmondschein,
Mohnblumen blaß in nächt'ger Flur.

Durch tiefes Gras gehn rutsch'ge Schuh',
Weinlöcher gähnen schwarz und wild.
Geröll und Nesseln der Echsen Ruh'
Und Borretsch und Nelken, ein irres Bild!

Wie wohl dem Hirten und dem Hund!
Der Abhang wird vom Wind geküßt;
Und Grillenzirpen im Wiesengrund
Den Störenfried Tourist begrüßt.

Ein Spielball, ach, und viel' Verrückte,
Ein Liegestuhl, der krachend bebt,
Nehm' Abschied ich als Schwer Gebückte
Von Tusculum, wo ich gelebt!

## Schweige still

Was ich will?
Schweige still!

Was ich kann?
Denk' nicht dran!

Was ich muß,
Macht Verdruß.

Was ich darf,
Macht mich nicht scharf.

Was ich soll,
Macht mich toll.

Was ich brauch,
Weißt Du auch!

## Wehmut

Es ist so weich
Mein müdes Fleisch!
Es ist so wund,
Was war gesund!
Es tut so weh,
Und ich nicht seh,
Wo Du, mein guy,
Bewegst Dich frei!

## Glockenwinde

Versteckt hinter Bäumen, da seh' ich dich drehn.
Ganz nah bei den Rosen, da bleibe ich stehn.
Schau' rüber zu dir in den lieblichen Hain,
Die Strahlen der Sonne, sie kehren dort ein.

Sie breiten den Schein aus, den letztlichen Glanz.
Es leuchten die Farben, ein brennender Kranz!
Wie wohl möcht' ich weilen und hören die Weis,
Wie Blumen sie singen im Paradeis!

## Holunder

Vorbei schwingt das Flöten der lieblichen Seel'.
Da drüben das stolze und fürstlich Gemäuer.
Noch leichtestes Wiegen der sternreinen Blüten,
Stumm kostend die Erdbaumgras-, Krautgerüche.

Erhaben hoch droben geschwungene Bögen,
Den feinsten und zierlichsten Perlen gleich.
Getupftestes Filigran, schwebender Duft,
Unschuldige Blumenhand
Von weißem Reingewand.
Geheimnisvolles Melodram,
Nie endender Sommertag.
Die Sichel des Mondes, wie zierlich!

Die Farben verblassen, vergehn.
So milde der Raum.
Gemütsverwirrendes Schmecken,
Bedeutungsvolles Wissen.
H o l u n d e r d ü f t e im Äther stehn,
Elysisches Flüstern.

## Heckenrosen

Ihr zarten Blütenblätter mein,
Erscheinet mir am Heckenhain!
Mit eurem kleinen weichen Duft
Durchziehet ihr die Juniluft.

Erspäh' ich euch auch aus der Fern',
So hat mein ganzes Sein euch gern;
Wohl aber möchte mein Verlangen
An eurer Zier doch ewig hangen.

O euer Blüh'n macht all's vergessen,
Was Menschen unter Last verstehn –
Und wäre es nicht zu vermessen,
So würd' ich bei euch ewig stehn.

Und singt ihr Blassen und ihr Roten
Das Lied für mich vom Sommerboten,
Umarm' ich euch, ihr Heckenrosen,
Werd' immerdar mit euch liebkosen.

## Liguster

Bin ich wieder angekommen,
Stein und Treppen sind noch warm,
Steige ich vom Flug benommen
Stufen hoch ohn' Harm.

Am Geländer halt' ich inne,
Werd' im leichten Wind gewahr,
Wie betörend meine Sinne
Nehmen auf die süße Schar

Weißer Wedel in der Nacht;
Gift'ge Beeren einst darnach.
Heut' sie duften süß und sacht,
Heilen mir mein Ungemach.

## Oleander

Kojoten und Schakale,
Mir wird mit einem Male
Bewußt, worauf ich sann:

Mont Lemmon bist so weit!
O Steppe, bist so breit!
Hältst mich im Hitzebann.

Vorbei ist alles Warten,
Zu mir weht Blumenhauch.
Genossen alle Arten
Vergeht die Wüste auch.

Entsteht ein leicht Gehabe,
Wie wundersam und rein!
Oleander, meine Labe!
Dich atme tief ich ein!

## Mein guter Geist

Sie stehen vor mir wunderschön,
Ob gelb, ob weiß, ob rot.
Ich brauche mich nicht umzudrehn.
Sie stehn vor mir im Lot.

Beschenkend wie die Rosen Dein,
So bist Du mir begegnet.
Dein' Hand hat mir die Arbeitspein
Aufrichtig oft gesegnet.

Drum laß ich Deinen guten Geist
In meinem Herzen wohnen
Und hoffe, daß Du mir verzeihst,
Wenn ich kann's nicht entlohnen!

## Reise

Du hast mich zwar gerichtet,
Doch bin ich nicht vernichtet.
Es schlägt und pocht in mir.

Ich kann's und will's nicht glauben,
Und muß ich heute schnauben
Wie ein arg wildes Tier.

Ach wär ich nur daheim!
Ich mach mir keinen Reim
Auf diese eigen Reis'.

So halt ich leise still,
Bis gute Zeit es will.
Die Heimat sei mein Preis.

## Danse sacrale

Großer Ball.
Schwarze Frauen.
Danse sacrale.
Ich allein.
Bunte Pfauen.
Schlanke Bein.

Stampfend Töne.
Pochend Takt.
Sterbend Schöne,
Singst mein Lied.
Angst mich packt.
Sie verschied.

## Sommerfest

Sommerlich schöne und wärmende Klänge
Breiten sich aus über Hecken und Hänge,
Falten vor mir und den liebenden Gästen
Aus sich in lachend und buntesten Festen.

Spiel und Gesang unter hohen Laternen,
Bis sich die Sterne vom Himmel entfernen,
Bis daß der Mond auch zu schlafen beginnt,
Und auch der Letzte nach Hause find't.

## Abendstern

Mich ängstigt dein Erscheinen!
Doch wart' ich auf dein Kommen.
Im Licht willst du vereinen,
Was einst mir ward genommen.